AF497813

POMPE FUNÈBRE

DES RR.·. FF.·.

MANGON DE LALANDE, LE PREVOST DE BASSERODE,
ÉVAIN, MOITY, NOURRY (Alfred), MASSY,
DISLÈRE, CORDIER, BRETON, DECLERCQ,
RAMPON, DUMARQUEZ, TISSERAND.

O.·. DE DOUAI, AN DE LA VRAIE LUM.·. 5849.

DOUAI,
IMPRIMERIE DE CRÉPEAUX, RUE DES ÉCOLES, 27.
—1850.—

A la G∴ du G∴ A∴ de l'U∴

———◦◦◦◦◦◦———

Le 8ᵉ jour du 23ᵉ mois de l'an de la Vraie Lum∴. 5849.

La R∴. |☐| St.-Jean , sous le titre distinctif de la *Parfaite-Union*, O∴. de Douai, régulièrement convoquée et fraternellement réunie , sous le P∴. G∴. connu des seuls Mᵒⁿˢ. ; l'O∴. éclairé par le T∴. R∴. F∴. GUILLET , Vén∴. en exercice ;

Tous les FF∴. sont en grand deuil (habits noirs, gants blancs, crêpe au bras, au chapeau et au glaive.)

Le V∴. rappelle à l'Atel∴. le but de cette réunion extraordinaire , les honneurs funèbres à rendre à la mémoire de 13 FF∴. dont l''Ordre en général et la |☐| en particulier déplorent l'irréparable perte.

Ces FF∴. sont :

Mangon de Lalande (Charles-Florent-Jacques).
Le Prévost de Basserode (Charles-François-Marie).

Evain (Auguste).

Nourry (Alfred-Maurant).

Dislère (Philippe-Guislain).

Massy (Jacques-Martin-Joseph)

Cordier (Charles).

Breton (Marie-Louis).

Declercq (Edouard).

Dumarquez (Louis-François-Joseph).

Rampon (Guillaume-Antoine).

Tisserand (Pierre-Antoine).

Une batt.˙. de deuil répond à l'appel de chaque nom.

Le F.˙. Secrét.˙. donne lecture des procès-verbaux des séances précédentes, lesquels ont réglé le jour et l'heure de la cérémonie funébre, les détails qui la concernent, les invitations à adresser aux FF.˙. non-résidants, aux FF.˙. non-actifs, aux |▭| de la correspondance, aux FF.˙. M.˙. des O.˙. étrangers.

Pendant cette lecture, la musique tout entière du 10e. régiment d'artillerie exécutait dans les jardins un premier grand morceau d'harmonie religieuse.

Les F.˙. experts annoncent :

1° Que d'anciens membres de l'At.˙. demandent d'être introduits (leur introduction à lieu sur-le-champ avec les formalités d'usage) ;

2° Que beaucoup d'autres FF.˙. qui n'appartiennent point à cet O.˙. , attendent dans les parvis la même faveur (après avoir été régulièrement tuil.˙. et reconnus dignes enfants de la V.˙. , ils sont accueillis , complimentés de leur fraternelle coopération et placés en tête des colonnes , chacun suivant ses grades et qualités Maç.˙.) ;

3° Que des députations de nos RR∴ SS∴ , les |▭| de la *Parfaite-Union*, O∴ de Valenciennes ; de la *Constance* et de l'*Espérance,* O∴ d'Arras ; de la *Fidélité* et des *Amis réunis* , O∴ de Lille , sont prêtes à faire leur entrée dans le Temple. Reçues avec tous les honneurs qui leur seront dûs , elles prennent places à l'O ∴ , dans un religieux et morne silence.

Le Vén∴ donne alors lecture des pl∴ par lesquelles plusieurs dignes M∴ et quelques-unes des |▭| affiliées excusent par des motifs divers et tous graves leur non-présence à la réunion. La R∴ |▭| l'*Amitié,* O∴ de Boulogne-sur-Mer , redouble surtout la tristesse et la consternation générale , en annonçant qu'elle-même a fait , depuis l'invasion du *choléra,* de si nombreuses et si cruelles pertes qu'elle en est, temporairement, pour ainsi dire désorganisée.

Une batterie de deuil suit cette lecture , en mémoire de nos TT∴ CC∴ et TT∴ regrettables FF∴ de Boulogne-sur-Mer.

Un M^tre des cérémonies annonce à haute voix les membres de l'Acad∴ de l'Ann∴ lumin∴ , ayant à leur tête leur président, notre V∴ d'honneur, G∴ M∴ de la |▭| provinciale d'Hered∴ de Kilv∴ pour le nord de la France. L'assemblée est debout et à l'ordre , glaive en main ; les étoiles circulent et, sous une quadruple voûte d'acier, les vétérans de l'Ordre subl∴ pénètrent jusqu'au centre de l'At∴ Le Vén∴ les félicite d'être venus en ce jour reconforter dans leurs disciples un courage un instant ébranlé. Le T∴ ill∴ Président répond par quelques paroles chaleureuses, puis l'Acad∴ va siéger aux places qui lui étaient réservées à l'O∴

Le Vén∴ frappant un coup de maillet, dit :

« Parfois, mes FF∴, les plaisirs nous ont appelés
» dans cette enceinte et nous avons payé notre dette aux
» plaisirs ; aujourd'hui la douleur nous y amène ; nos
» voix vont appeler des morts du sein de leurs tom-
» beaux. »

Il prend alors en main l'urne funéraire, qu'il tient
pressée sur son cœur, et, par son ordre, les portes du
temple s'ouvrent. Les FF∴ serv∴, la torche en main,
ouvrent la marche. Le F∴ Gardien du Temple, l'épée
nue, précède les membres de l'harmonie, qui, au nombre de 18, commencent un morceau funèbre. Les FF∴
1er et 2e surv∴ guident les colonnes, l'O∴ les suit, et
le Vén∴ ferme la marche, entouré des Maîtres des
Cérémonies.

On monte vers la chapelle ardente. Du seuil du temple jusqu'au sommet de l'édifice, tout est tendu de noir,
parsemé de têtes de mort et de larmes blanches, garni
de drapeaux, de bannières et de bustes que recouvre un
crêpe. A chaque fenêtre, à chaque porte, un transparent
révèle, au milieu des attributs de la mort, ceux de tous
les grades et de toutes les dignités maç∴. On entre dans
l'immense salle de deuil : le dôme en est d'azur, semé
d'étoiles d'or ; le parquet jonché de fleurs lugubres, les
murs tapissés de crêpe noir que rehaussent des franges
d'argent, les colonnes entourées de guirlandes de cyprès,
les fenêtres fermées par de riches transparents dont chacun porte le nom d'un F∴ décédé, les attributs de son
grade maç∴ et des vers à sa louange. Près de 200
dames, parentes ou alliées de M∴, décorent le pourtour
de la chambre ardente. Au centre s'élève un vaste céno-

taphe surmonté d'une urne funéraire voilée de noir. Des inscriptions ornent sa base ; les décorations maç.·. et civiles des FF.·. décédés y sont appendues. A trois de ses angles, des trépieds antiques portent le réchaud sacré, l'eau lustrale, les rameaux d'acacia. Un transparent gigantesque, faisant face à l'O.·., représente, sous la figure d'une femme veillant sur un berceau, la Crèche fondée par l'At.·. L'O.·. est garni des portraits des 13 FF.·. qui ne sont plus.

Quand les colonnes ont pris place dans le plus grand ordre, et qu'entouré des RR.·. députés et des Ill.·. membres de l'Acad.·. de l'Ann.·. Lum.·, le Vén.·. est monté sur son estrade, un profond silence s'établit, et l'Assemblée entend le deuxième morceau d'harmonie exécuté dans les jardins par la musique du 10e d'artillerie.

Le Vén.·. frappe ensuite un coup de maillet, se lève et dit : « Mes FF.·., un voile sombre s'est étendu sur nos » outils ; des accents plaintifs s'échappent de toute part ; » l'image de la mort est empreinte sur les murs du sanc- » tuaire. Les TT.·. CC.·. et TT.·. RR.·. FF.·. Dela- » lande, de Basserode, Evain, Moity, Noury, Massy, » Dislère, Cordier, Breton, Delercq, Rampon, Du- » marquez, Tisserant ne sont plus !! »

Ces mots, prononcés avec l'accent de la douleur, sont répétés à l'Occident et suivis du retentissement de l'airain funèbre.

« Vous, F.·. Guerdin, le plus âgé des FF.·. survivants, venez recevoir de mes mains l'Urne qui contient des restes bien aimés, et, debout, en face de l'Or.·., conservez-la, pressée sur votre cœur ! »

« Et vous, FF∴ 1er et 2e Surv∴, vous, membres
» qui décorez l'O∴, venez m'aider à rendre les der-
» niers devoirs aux mânes de nos FF∴. Allons illuminer
» leur tombe. «

Tous suivent le Vén∴, et l'imitant, allument chacun
une des bougies jaunes disposées pyramidalement sur
trois des faces du cénotaphe, ainsi que les candelabres à
cinq branches disposés aux quatre angles. Soudain les
col∴ J et B. deviennent transparentes ; l'estrade du
Vén∴, les triangles des Surv∴, de l'Orat∴, du Se-
crét∴ s'illuminent ; une lumière symbolique à l'O∴
reste seule éteinte, emblème de la perte de notre 1er Vén∴
d'honneur.

L'harmonie, pendant ce premier voyage, faisait entendre ses accents plaintifs ; elle s'arrête, quand l'alcool
s'enflamme sur le trépied sacré et que les parfums
brûlent. Le Vén∴ alors prononce l'invocation habi-
tuelle :

« Auteur puissant de la nature, entends les vœux de
» tes enfants ! Que ceux qui les ont précédés dans la car-
« rière de l'Eternité, trouvent dans ton sein le bonheur
« pour récompense du bien qu'ils ont fait sur la terre !!!

» FF∴, Maîtres des cérémonies, distribuez les ra-
» meaux d'acacia.... Vous FF∴, 1er et 2e Surv∴, ou-
« vrez la marche, et, pendant que l'harmonie conti-
» nuera, faites, en tête de vos colonnes, le deuxième
» voyage autour du tombeau. »

Ce voyage s'exécute dans le plus profond silence,
chacun plonge sa branche d'acacia dans l'eau lustrale et
en asperge le monument. Le Vén∴ fait entendre ces
mots :

» Archit.·. suprème , si nos FF.·. ont partagé quelques faiblesses humaines , mets dans la balance leurs vertus et que leurs fautes soient lavées à tes yeux !!! »

Prenant des fleurs et les jetant sur la tombe :

» Mânes respectables , nous vous offrons l'hommage de notre amour ; il est écrit dans nos âmes , c'est là que vous vivrez à jamais. »

Tout le monde ayant repris séance, le Vén.·. dit : la parole est au F.·. Orat.·. adj.·. Emile Dupont, pour un morceau de poésie qu'il a été chargé de composer pour cette solennité.

Le F.·. Emile Dupont se lève et prononce les strophes suivantes :

A CEUX QUI SONT MORTS CEUX QUI DOIVENT MOURIR !

Autour de ces cercueils nous voici donc , mes frères !
Nous voici , méditant les lugubres mystères
    Dont s'entoure la mort !
Nous voici tous , creusant cet éternel problème ;
Demandant , éperdus , à l'asile suprême :
    Es-tu l'écueil ? Es-tu le port ?...

—

Es-tu le point fatal où le néant commence ?...
Quand au seuil du tombeau se brise l'existence ,
    C'en est-il donc fait pour toujours ?...
Quand la terre engloutit nos dépouilles glacées,
Eteint-elle à la fois le feu de nos pensées
    Comme la flamme de nos jours ?

Notre âme, hélas! notre âme avide d'espérance,
Qui, du sein du trépas même encore s'élance
  Vers l'avenir, vers l'infini,
Notre âme survit-elle à la vile poussière?...
Ou ce souffle d'orgueil, après l'heure dernière,
  N'est-il qu'un rêve évanoui?

La mort n'est-elle, enfin, qu'un dévorant abîme?
Devons-nous refouler en nous l'instinct sublime
  Qui pressent l'immortalité?
Devons-nous, répudiant amour, tristesse ou joie,
Ne faire de notre être, ici bas, qu'une proie
  Livrée à la fatalité?

Oh! qui nous sauvera de ces angoisses sombres!
Qui pourra pénétrer les effrayantes ombres
  Dont s'enveloppe l'avenir!
Que sommes-nous, hélas! Nous passons sur la terre,
Etrange composé de grandeur, de misère,
  Sans laisser même un souvenir!

Et pourtant, insensés, nous raisonnons en maîtres,
Nous qui, dans l'Océan illimité des êtres
  Nageons tristement confondus!
Nous, pauvres orgueilleux, dont la frêle existence
Par un cri de douleur dans ce monde commence
  Et passe en regrets superflus!

....Ah! vous seuls possédez ce secret de la tombe,
Ce secret sous lequel notre raison succombe,
  Frères chéris que nous pleurons!

Vous seuls avez franchi la suprême agonie
Pour pénétrer au sein d'une nouvelle vie !
Vous seuls savez où nous irons !

L'harmonie ayant fait suite à ce morceau d'architecture poétique, le Vén.·. frappant un coup de maillet, dit :

> Mes FF.·.,

Le F.·. Flamant a la parole.

Le F.·. Flamant, debout et à l'ordre, s'exprime en ces termes :

> Mes FF.·.,

« La mort a d'inexorables rigueurs. Destinée fatale ! Loi invincible ! La vie n'est qu'une triste marche du berceau vers la tombe. — Et ceux de nos FF.·. que nos intelligences ont admirés davantage, pour lesquels nos cœurs ont eu le plus d'affection, notre âme plus d'amour et d'estime, ne pouvaient être exempts de la loi commune; il faut les pleurer aujourd'hui ! Tant de lumières, de sciences, d'affection et d'amour ne sont plus aujourd'hui qu'un fugitif souvenir ; et demain même les derniers vestiges de cette pompe funèbre, dernier hommage de notre amour, auront aussi disparu ! plus rien ne témoignera de leur passage en ce monde que le souvenir que chacun de vous leur gardera dans son cœur ; plus rien que votre douleur que le temps à son tour balaiera bientôt de son aîle ; plus rien qu'un souvenir !

Ainsi l'a voulu Dieu ! — Dans les décrets immuables de son inépuisable sagesse que pèse la vie d'un homme ? dans l'œuvre immense du progrès universel, qu'importe la part de chaque ouvrier, quelque laborieux qu'il puisse être ? — à travers la poussière des générations balayées dans la tombe, l'humanité marche, marche toujours ; ainsi les destinées du monde s'accomplissent ; ainsi, — jusqu'au jour où touchant le terme de la perfectibilité humaine, les hommes n'auront plus à gémir sur leurs imperfections, leurs misères, leurs douleurs, leur impuissance et leurs fautes !

» Ce n'est point à moi de vanter les vertus de ceux que nous pleurons. Une voix plus éloquente que la mienne vous dira quels furent à chacun leurs mérites ; quelle est l'immensité de notre perte. A moi, près de cette tombe où tout engage, à votre F∴ Or∴ de vous dire quel culte il faut à ces morts, quel encens il faut à ces tombes !

» Ils ont dignement fourni leur carrière, ces hommes qui, parvenus aux plus hauts rangs du monde maçonnique, nous formèrent encore de leurs conseils après tant de travaux, de soucis et de fatigues. A quelque époque que l'Ordre les ait appelés, quelques soins qu'il leur ait fallu prendre, quelques devoirs qui leur aient été imposés, jamais ils n'ont failli. Dans le monde profane, ils ont défendu les libertés nationales aux plus mauvais jours ; et ceux d'entre eux que la confiance publique appela aux plus hautes positions, n'employèrent jamais les grâces et les forces de leur esprit qu'à orner ou défendre les principes de science qu'ils avaient puisés parmi vous. Ils étaient écoutés par tolérance d'abord, bientôt avec plaisir, puis autour d'eux l'on voyait naître cette bienveillance sympathique qui toujours entoure un bon cœur, une âme aimante. Ils triomphaient ainsi ; ainsi ils nous ont marqué la voie. — A nous donc aussi notre œuvre !

» Mais les temps au milieu desquels nous vivons sont bien différents de ceux qu'ils ont traversés. Autour de nous tout s'émeut, tout s'inquiète. La vérité de la veille n'est pas toujours celle du lendemain. Mille questions s'agitent : politiques ou sociales. Les solutions les plus diverses se croisent et se heurtent ; épouvantent ou rassurent. La lice est sans cesse ouverte ; les combattants s'y pressent ; et dans cette mélée si nombreuse le vainqueur même ne sait pas s'il a le dernier soupir du vaincu. Il a fallu que la forme politique du gouvernement français devint la plus large, la plus féconde, en un mot, qu'elle fut républicaine, et que nous ayons, nous, Francs-Maçons, cette gloire de voir la devise qui brille aux trois côtés du triangle maçonnique, devenir les mots sacrés qui, maintenant, rayonnent sur la bannière de notre bien-aimée France !

» La Maçonnerie comme le monde extérieur s'agite. —Et pourtant, que nous importent à nous les luttes politiques; les injustices et les fureurs des partis ? Disciples de la vérité seule, amis du bien pour le bien lui-même, avons-nous jamais cherché à porter quelques coups dans ces combats inhumains ? Avons-nous jamais contraint qui que ce fut à penser comme nous ? La force de la vérité seule nous protège, et voilà que le monde profane, qui, tant de fois, a souri de ce qu'il ne connaissait pas, veut désormais penser comme nous. Il emprunte nos devises, nos axiômes ; et en 1848, un prof∴, aimé de la France, l'immortel Lamartine, dit aux Francs-Maçons qui vont saluer le gouvernement provisoire : « Je vous remercie au nom de ce grand peuple, » qui a rendu la France et le monde témoins des vertus,

» du courage, de la modération et de l'humanité, qu'il
» a puisés dans vos principes, devenus ceux de la Répu-
» blique française (1). «

» Que ces paroles soient douces aux ombres de nos
aïeux Maçonniques. Ils les ont préparées. C'est là la plus
belle fleur à jeter sur leur tombe.

» Mais ont-ils ainsi tout fait? ne faut-il plus laborieu-
sement scruter, professer encore, propager même dans
le secret de nos temples cette philosophie sublime dont
le code est écrit au fronton de tous nos édifices publics?
nos symboles et nos bannières ne sont-ils plus que de
vains témoignages des travaux de notre passé, impuis-
sants désormais à féconder l'avenir? Non! non! ces sentiments sacrés d'égalité, de liberté et de fraternité, cet
Evangile de la raison humaine, cette foi du Christ lui-
même, ne sont point assez compris par quelques-uns ;
par d'autres, ils sont trop méconnus. Il est des yeux
trop faibles pour l'éclat de cette lumière ; il est des vents
mauvais qui poussent sur elle les nuages. Il faut à cette
lumière encore l'abri du sanctuaire de nos temples. La
foule à peine l'a vue rayonner de l'Or∴ aux voûtes des
parvis ; et au seuil du temple elle s'est arrêtée, éblouie
ou craintive. — A nous donc, Maçons de l'avenir, d'a-
jouter notre pierre à l'édifice que nos devanciers ont
élevé pour elle ; à nous d'en affermir les colonnes, d'en
assurer le faîte, d'en adoucir l'entrée. C'est là notre
tache ; sachons n'y pas faillir. Continuons d'interroger
ces problèmes sacrés auxquels est lié à toujours le sort

____

(1) Trois mois de Pouvoir, par de Lamartine, p. 96.—Ce fait
se passait le 11 mars 1848.

du genre humain ; sauvons la pureté des doctrines Maçonniques ; soyons fidèles encore au symbole du travail
que tous nous portons ici : Il n'est pas temps que les
tabliers tombent !

» Aussi bien, un cœur généreux l'a écrit : « Rendre
son intelligence attentive aux choses dont le cœur est
ému ; donner à la fraternité la science pour flambeau ;
penser et sentir à la fois ; réunir dans un même effort
d'amour la vigilance de l'esprit et les puissances de l'âme ;
se faire dans l'avenir des peuples et dans la justice de
Dieu une confiance assez courageuse pour lutter contre
la permanance du mal et sa mensongère immortalité.....
Est-il un plus digne emploi du temps et de la vie ? (1) »
— Non, certes, et c'est là tout ! c'est là la vie tout entière
du franc et vrai Maçon.

» Pardonnez, mes FF∴, à la sévérité de mes paroles.
Tout est grave près des tombeaux. C'est une tradition
pieuse que si les morts ne répondent point ; ils entendent. Puissent en ce jour les ombres de nos FF∴ appuyer
ces desseins, affermir nos courages, aider à nos espérances. Puissent-ils du haut des cieux sourire à nos
efforts. Continuons leur bonne œuvre par de bonnes
actions nouvelles ; continuons par notre dévouement, le
dévouement de toute leur vie. Ainsi nous honorerons
nos morts ; ainsi l'acacia fleurira sur leur tombe. — Et
vous, à votre tour vous ne craindrez pas la mort, votre
vie dignement remplie, laissera dire avec le sage, de
votre fin comme de la leur :

« Ce fut le soir d'un beau jour ! »

---

(1) Louis Blanc.—Introduction à l'organisation du travail, p. 2.

L'harmonie s'étant fait encore entendre, le Vén.·. esquisse ainsi qu'il suit l'éloge funèbre des 13 FF.·.

> Debemur nos morti nostraque.
> Nous sommes destinés à mourir, nous
> et tout ce qui vient de nous.

Mes FF.·. ,

Les hommes aiment à rendre justice aux morts , soit
dans l'espérance qu'enfin on sera juste aussi à leur égard,
soit par amour pur de la vérité. D'autre part , un philo-
losophe de l'antiquité l'a dit , à la vue des portraits des
hommes de bien qui nous ont précédés dans la vie, on se
sent enflammé d'un irrésistible amour pour la vertu, non
que des images de cire , une esquisse coloriée ait en soi
l'énergie créatrice du vrai , du beau et du bon , mais
parce que le souvenir des belles actions d'autrui allume
dans les âmes d'élite un feu sacré qui ne s'éteindra plus.

C'est donc par amour de la justice et de la vérité, c'est
pour mettre à profit cette pensée d'un des philosophes,
nos maîtres, c'est pour donner , selon nos forces , à des
âmes telles que les vôtres, leur aliment propre, que nous
allons accomplir une des lois de notre institution en re-
produisant à vos esprits , l'esprit de ceux dont ces transparents rédisent les noms, dont ces tableaux retracent les
traits. Nous ne dirons d'eux que le moins possible , nous
n'exprimerons qu'un peu de leur essence : notre unique
but est de vous faire sentir le parfum des fleurs , de vous
faire savourer la suavité des fruits qu'ils ont cultivés
dans le champ de la vie.

A leur tête , dans l'ordre des temps , comme à tous
égards, s'il nous est permis de les comparer , se place le

Vén.˙. et Ill.˙. F.˙. Mangon de Lalande , ainsi qu'un père en tête de ses enfants.

MANGON DE LALANDE ,

Charles-Florent-Jacques, né à Roye (Somme) , le 1ᵉʳ février 1770, et reçu apprenti Maç.˙. le 1ᵉʳ mars 1795 , au *Temple du Silence*, à l'O.˙. qui l'avait vu naître, y fut élevé au grade de Chev.˙. d'O.˙. , le 9 janvier 1797 , et y exerça les fonctions de V.˙. à partir du 23 juin 1798. Affilié l'année suivante à la *Parfaite-Union*, O.˙. de Douai , il y gravit rapidement les hauts dégrés de la hiérarchie Maç.˙., Rose C.˙. Franc.˙. et d'Héred.˙. de Kilvi.˙. , Parf.˙. initié , G.˙. Ecossais , Maître de l'Ann.˙. Lum.˙. en ses trois ordres , il fut Vén·˙. de notre ⊏⊐ de 1800 à 1814 et Président du Trib·˙. des G. Insp.˙. dès 1810. En outre , Secrétaire-Général de l'Académie de l'Ann·˙. Lum·˙. en date de 1801, il en fut nommé Président, trois ans après son départ de Douai, et ne cessa de l'être qu'en 1837. Décoré enfin , pendant sa longue carrière Maç·˙. , du titre de membre honoraire d'une multitude de Loges françaises et étrangères , il fut acclamé par vous, Vén·˙. d'honneur, à vie de la *Parfaite-Union*

De Lalande était venu résider à Douai , en 1799, comme Inspecteur de l'Enregistrement. Il ne demanda rien de plus à la République ; et, ni l'Empire, ni la Restauration ne gâtèrent l'incorruptible. Laissé comme Inspecteur à Douai jusqu'en 1814 , rélégué comme Inspecteur à Bourbon-Vendée , en 1815, on le fit passer, de

1819 à 1828 , toujours comme Inspecteur par Caudebec, le Puy, Pithiviers, St. Quentin et Caen. La révolution de Juillet 1830, réparatrice pour quelques-uns , le fut enfin pour lui. Nommé Directeur à Guéret, en 1832 , à Poitiers, en 1834 , il y reçut le signe de l'honneur en 1839, et vint terminer à Paris une longue et douce vieillesse.

S'il fallait énumérer tous les mérites , citer toutes les belles et bonnes actions d'un tel homme, ce serait un long panégyrique à faire, ce serait un grand mérite qu'il faudrait au panégyriste lui-même. Esprit éminemment philosophique , nulle haute question de morale paraît n'avoir échappé à l'appréciation du F∴ De Lalande, nos archives sont riches des trésors qu'il nous a laissés. Economiste habile , il a traité avec supériorité des matières ardues , entre autres celle des bagnes , savant archéologue, et président de la *Société des Antiquaires de l'Ouest*, de la *Société Ebroïcienne*, de toutes les Sociétés de la Normandie, de celle de la *Morinie*, de celles des *Antiquaires d'Ecosse* et de *France*, il édita une foule de mémoires curieux, tels que sur la *Pierre levée de Poitiers*, sur la *Colonne itinéraire de Scorbé Clairvaux*, sur son *Excursion au plateau d'Arlet*, sur le *fragment d'inscription de la rue Saint-Savin*, sur *Langlois de Belestadt*, sur les *Tours Mélandes*, sur les *Monuments celtiques de Château-Larcher*, sur des *Inscriptions découvertes en Afrique*, sur des *tombeaux Gallo-Romains*, sur les *Thermes romains de la Creuse*, sur les *Médailles gauloises*, sur la *Ville Gauloise de Limonum*, sur la *pierre expiatoire du Roi d'Angleterre Henri II*, etc. , etc. Littérateur aimable, que de légers morceaux d'Archit∴ , que de jolis vers a tracés sa plume si facile! Comme sa correspondance dont la |▭| et les Chap.˙. possèdent une grande partie, révèle de finesse dans les aperçus, de délicatesse dans les sentiments, d'imagination enjouée et d'inaltérable pureté de mœurs !

Que ne pouvons-nous le voir, surtout dans ses actes, ce régénérateur de la M.˙. parmi nous, quand grondait encore la tourmente révolutionnaire ; cet autre réédificateur du Temple de Salomon, après d'autres années de captivité ; cet homme qui, la truelle d'une main, le glaive de l'autre, consacra à ressusciter la grande famille et à la rendre prospère toutes ses facultés, tous ses instants, toute sa fortune, toute sa famille. Toutes ses facultés ! car son énergie, son intelligence, son amour n'eurent d'objets que Dieu et l'humanité. Tous ses instants ! car, avec les devoirs de sa charge, que pouvait-il rester d'heures de loisir à un M°ⁿ dirigeant tout dans cet O.˙., même les délibérations du Conseil municipal de Douai, dans les *cent jours* ; allant tout fonder, tout éclairer, en fait de Loges, dans le Pas-de-Calais, l'Aisne, la Somme, la Belgique ; correspondant avec tout ce qui en était *Maçonniquement* digne, de Douai à Perpignan, de Poitiers à Strasbourg. Toute sa fortune ! De qui, en effet, était-il payé pour ainsi faire, et dequelle indemnité son pays le rémunéra-t-il ? Toute sa famille ! Car, marié le 4 mai 1791, à M⁻ˡˡᵉ Baron de Montlhéron, Adrienne-Françoise-Charlotte, née à Béthune, le 16 mai 1773, il la fit recevoir Maçonne, en 1795 à la |▭| d'adoption de Roye, dont elle devint Grande-Maîtresse l'année suivante, et il fit donner le baptême Maç.˙. à ses fils, nobles héritiers aujourd'hui d'un noble nom. Eh ! voilà peut-être le secret de tout le bien qu'il put faire : cette force qu'il pui-

sait dans un autre lui-même ; cet espoir qu'il fondait sur
des enfants élevés à l'école d'une pareille mère. Quel
avantage, en effet, pour la famille et pour la société en
général, pour la famille et la société Maçonnique avant
tout, que la participation d'une épouse à toutes les idées,
toutes les tendances, toutes les joies et tous les martyrs
d'un noble cœur d'homme ! Quelles fleurs sur les liens du
devoir ! Quel baume sur les blessures ! Quel miel au bord
de la coupe amère ! La société ne sera vraiment digne
de ce nom que par l'association accomplie des deux sexes,
et, autant que le veut la nature, leur égalisation sous
tous les rapports. Ce n'est pas trop des énergies innées
à l'un et à l'autre, et de leur harmonie pour qu'il dérive
d'eux une génération réparatrice des bienfaits de l'ave-
vir. Quand on donnait au profit des pauvres, soirée,
bal ou concert, qui en était l'âme ? Quand l'hospitalité
aux voyageurs, les consolations aux prisonniers, quelle
main se tendait la première ? toujours, toujours, Mme.
de Lalande.

Ni l'un ni l'autre ne sont plus ! Pleurons un père, une
mère, et écrions-nous :

Honneur, trois fois honneur à leur mémoire !!!

—

LE PRÉVOST DE BASSERODE,

Charles-François-Marie, né le 21 juin 1774, à Saint-
Savinien (Charente-Inférieure), fut officier d'infanterie
en 1798, envoyé bientôt à Saint-Omer, comme major
de la légion de la garde nationale lilloise, bientôt encore chef de cette légion, puis colonel d'état-major jus-

qu'en 1817 , époque de sa retraite , emportant pour prix de ses services les croix de la *Légion-d'Honneur*, de *Saint-Louis*, de *Saint-Lazare*, du *Mont-Carmel*, du *Phénix du Holstein* et celle de *Commandeur du Lion*. Rentré dans la vie privée , il fut nommé et demeura maire de Wasquehal, près Lille , jusqu'en 1848.

Qu'on lise le *Livre de la Sagesse*, on y verra : « IL FUT » D'UN ZÈLE ACTIF ET ÉCLAIRÉ , IL SE MONTRA ANIMÉ » DES PRINCIPES LES PLUS LIBÉRAUX ; IL RENDIT DE » GRANDS SERVICES A L'ORDRE. »

Secrétaire de la R.·. ⊏⊐ des *Amis réunis* à l'O.·. de Lille; il fut Vén.·. , à Saint-Omer, de la *Réunion désirée*, O.·. des gardes nationales d'élite , et président de son Chap.·. , puis Vén.·. de la *Modeste*, à Lille, puis membre de l'Acad.·. de l'Ann.·. Lum.·. en 1810 , puis président de cette Acad,·. depuis 1837 jusqu'au 24 juillet 1849 , époque, pour nous cruelle, de son décès inattendu.

Patricien d'origine, comme les Lafayette et les Rochambeau , comme eux il avait l'esprit élevé, le cœur pur ; comme eux il apprécia les abus de l'ancien régime et se dévoua à l'ordre de choses nouveau , courant dès 1798 à la frontière menacée , à la tête d'une compagnie de ces bourgeois et manants qui n'entendirent pas livrer la patrie aux cosaques du Don et aux français de Coblentz. Nous pourrions le revoir en 1808, quand l'Anglais attaqua le Nord-ouest de l'Empire , défendre avec énergie l'île de Cadzan et contribuer puissamment avec son bataillon lillois à forcer l'ennemi de renoncer à son entreprise.

Dans l'intervalle de ces faits d'armes et de ceux qui suivirent, quand on avait un moment de repit , quand

l'épée pouvait entrer au fourreau, il se ceignait de nouveau les reins du tablier du Maçon ; il reprenait la truelle
et tous les outils ; de la main qui avait repoussé l'ennemi,
il travaillait la pierre destinée à reconstruire le Temple.
Maître, il formait des néophytes, des app∴, des comp∴;
maître subl∴ de l'Ann∴ Lum∴, il désymbolisait la
vérité aux yeux des M^{tres}∴.

Lui du moins, nous avons pu le voir ; nous avons pu
être initié de sa main au noviciat des hauts grades; nous
avons pu jouir personnellement et de sa conversation et
de sa correspondance. Quelle aménité, quelle grâce !
Quelle noble simplicité dans les manières, dans le lan-
gage, dans tous les rapports de la vie civile ! comme on
se prenait à l'aimer dès la première vue. Comme après
l'avoir longuement entendu, on désirait l'entendre encore! Comme on le quittait le cœur serré, à la pensée de
ne le revoir peut-être plus ! C'est qu'il exhalait autour
de lui un parfum héréditaire des vertus chevaleresques,
parfum qui se démocratisait en embaumant nos trav∴
comme l'encens parfume les autels.

L'exactitude Maç∴ était une de ses politesses ; à 72,
à 73 ans, il venait encore de Lille ou de Wasquehale
présider son Académie, malgré le faible état de sa santé.
Type de la générosité, son château était la *maison de
charité* de la commune ; sa bourse s'ouvrait à toutes les
souscriptions pour de bonnes œuvres ; son cabinet d'ob-
jets d'arts se dépouillait pour toutes les loteries de bien-
faisance : il fut en tout l'homme des bons exemples.
Heureux étaient les administrés d'un tel maire, et les
pauvres voisins d'un tel riche, comme l'ont été les FF∴
d'un tel M. ., comme doit être la fille d'un tel père.

Honneur , trois fois honneur à la mémoire du subl. ·.
maître , Le Prévost de Basserode !!!

—

ÉVAIN ,

Auguste , né à Angers (Maine-et-Loire), le 27 juin
1779 , fut affilié à la *Parfaite-Union* , O.·. de Douai ,
étant major au 6ᵉ régiment d'artillerie le 1ᵉʳ mars 1815.

Nous ne dirons pas les talents et les services militaires
d'un homme si connu parmi nous , d'un homme digne
émule par l'intelligence du général Evain , son frère ,
celui que la Belgique , en 1830 , demanda à la France
pour en faire un ministre de la guerre. Nous prendrons
le colonel Évain (Auguste) à l'époque où , prenant à
Douai sa retraite , il fut élu , par ses concitoyens , membre du conseil municipal. Là, sa capacité , son assiduité,
son zèle furent tellement utiles , tellement appréciés que
la première magistrature de la cité , se trouvant bientôt
vacante , lui fut offerte , et que , malgré son âge et ses
fatigues , voyant que tous évitaient un poste important
mais stérile pour les intérêts privés , il n'hésita pas à se
charger de ce fardeau. Et , sans adjoints, on le vit à son
bureau des journées entières, non seulement suffire aux
exigences continues des affaires courantes , mais encore
éluder les besoins si nombreux, si divers, de cette impor-
tante localité ; embrasser d'un coup-d'œil sûr, toutes les
modifications, toutes les améliorations désirables, en faire
ressortir l'urgence, en soutenir la discussion avec force ;
et, regardant tout bien à réaliser comme une citadelle à
prendre , en faire résolument le siége jusqu'à qu'il eût
emporté la place. Car il eut le courage civil comme il

avait eu le courage militaire ; et , sous son admistration d'utiles travaux s'accomplirent , d'heureuses créations se firent jour , dont une seule suffirait à faire bénir sa mémoire ; je veux parler de la *Caisse de Secours mutuels et de pensions de retraite pour les ouvriers.* Si cette institution était connue, goûtée comme elle doit l'être, élargie dans ses bases et mise à exécution partout avec les secours et sous les auspices de l'Etat , des départements et des communes, elle suffirait, selon nous, à améliorer la situation présente des masses , à rassurer le pauvre sur son avenir et à donner à la partie privilégiée de la société cette sécurité qu'elle semble vouloir racheter à tout prix , moins celui de quelques sacrifices , sacrifices pourtant auxquels il faudra bien se résigner un jour. Et le mieux pour elle-même serait le plus tôt.

Généreux , bien que sans fortune , Evain figura toujours en tête des souscriptions pour les pauvres, pour une somme aussi considérable que les plus riches habitants de la cité. D'un désintéressement rare parmi les fonctionnaires de son époque, il ne demanda , que nous sachions, ni ne reçut rien du Pouvoir, soit pour sa famille, soit pour lui-même , sinon la croix de Commandeur. Fort de cette force qui vient d'en haut, il supporta des malheurs domestiques et la perte de ses plus chères affections , avec le cœur d'un père et la tête d'un sage. Ses forces, non son courage , se sont usées à souffrir en même temps qu'à bien faire.

Honneur , trois fois honneur à la mémoire du Vén∴ F∴ Evain !!!

MOITY,

Antoine-François, né à Douai, le 1ᵉʳ novembre 1783 , était employé des douanes en 1802 , secrétaire au commissariat des guerres en 1804, clerc de notaire en 1805. Il est mort juge-de-paix d'un des cantons de Douai.

Reçu app.·. à la *Parfaite-Union* le 22 décembre 1802, et était R.·. C.·. le 29 novembre 1806, et Mᵗʳᵉ de l'Ann.·. Lum.·. le 16 juin 1835. Il avait alors 31 ans d'exercice de la Maçⁱᵉ.·. .

Secrétaire-adjoint de la R |☐| dès le Vénˡᵃᵗ.·. du F.·. De Lalande, il fut, à diverses reprises, secrétaire en titre de l'At.·. et de ses Chap.·. pendant plus de 25 ans. Et, quand on consulte les livres d'architecture , les procès-verbaux si nombreux qu'il a rédigés , on se pénètre en même temps que de reconnaissance pour nos prédécesseurs, vû la longue et imposante série de leurs tra.·. , on se pénètre, dis-je, d'estime aussi et de douce sympathie et d'une sorte de vénération pour le bon secrétaire , candide et durable miroir de tant d'émotions , dépanchements, de discussions et de pompes Maçonniques.

Modèle , durant 30 années, de ces employés du bureau qui élaborent, pour un modeste salaire , ce dont les dignitaires seuls recueillent honneurs et profits , il le fut ensuite, mais trop peu de temps, hélas ! de ces magistrats de paix , de ces vrais magistrats du peuple , ceux qu'il lui importe le plus de voir doués des vertus Maçonniques.

Moity s'éteignit enfin doucement , comme il avait su vivre et comme s'éteint la lampe du sanctuaire , comme s'éteint la dernière étoile aux premiers feux du jour.

Honneur , trois fois honneur à la mémoire de Moity, le subl.·. Mᵗʳᵉ !!!

NOURY ,

Alfred-Maurant, né à Douai le 31 décembre 1806, entra, à l'âge de 20 ans, le 29 mars 1826, en qualité de gagiste, *cor solo*, au régiment Suisse de Sales, infanterie de la garde royale, et y demeura jusqu'au licenciement, 31 août 1830.

Ce digne enfant d'une ville que, depuis deux siècles, les sciences, les lettres, les arts avaient faite reine de Flandre, apprit son art, celui que les anciens dans leurs vastes conceptions appelaient le couronnement de tous les autres, au sein de nos écoles académiques, à cet artistique foyer où s'allumèrent de tout temps, où s'allument encore aujourd'hui tant de jeunes talents ; à cette fondation de nos pères qui démontre si bien ce qu'on peut tirer des enfants du peuple, quand on les aime et qu'on le leur prouve, quand on leur donne, avec le pain du corps, si leur famille n'y peut pourvoir, celui auquel la famille seul ne peut jamais pourvoir suffisamment, l'éducation, ce pain de l'âme.

Noury avait remporté le 1er prix du Conservatoire ; et ce musicien, si ardent qu'il travaillait sans cesse à se perfectionner, si modeste qu'il se croyait toujours moins qu'un autre, à peine rentré dans ses foyers, nous fut bientôt envié par toutes les villes voisines. Valenciennes surtout fit à cet égard des démarches bien honorables pour qui en était l'objet ; mais Douai avait le droit, et eut l'avantage de conserver cet éminent artiste ; et celui qui avait triomphé au Conservatoire, y envoya triompher à leur tour les Boulcourt et les Vauchelet, bornant, quant à lui, sa vie et ses plaisirs, à faire le charme de sociétés philharmo-

niques et à forcer la main au triomphe de Douai dans
tous les concours.

Il s'adjoignit à notre grande famille le 11 novembre
1846, fut reçu M^{tre} le 28 juin de l'année suivante et ne
cessa qu'à la mort d'être une des colonnes de ce Temple,
émule de son digne F∴ ici présent, l'habile intendant
de votre harmonie.

Honneur, honneur à la mémoire du F∴ chéri, Noury
(Alfred) ! ! !

—

DISLÈRE,

Philippe-Guislain, né à Douai le 20 février 1804, reçu
app∴ le 23 juin 1832 et M^{tre}. le 15 septembre suivant,
s'était voué à l'architecture. Il fut depuis voyer en chef de
cet arrondissement et en dernier lieu de celui de Dunker-
que. Quelle perte encore que celle de ce F∴ dont la bonté
et la franchise se reflettaient sur une figure si ouverte, si
gaie, si heureuse ! Dans l'impossibilité d'assister exacte-
ment à nos Trav∴, en raison des nombreuses absences
auxquelles l'assujétissaient ses fonctions, il y venait du
moins à de rares intervalles, joyeux d'en avoir saisi l'oc-
casion ; et, se ravivant à cette fraîche source, il nous ré-
compensait d'un cordial accueil par tout ce que la gaîté
de caractère fait jaillir de gracieuses inspirations.

Lui aussi, éprouva les vicissitudes de la fortune et
l'injustice des hommes, injustice d'autant plus extraor-
dinaire qu'étranger à tout esprit de parti, s'étant, pour
ainsi dire, tenu à l'écart de toute opinion politique, il
devait être, plus que personne, à l'abri des rancunes et
des haines. Il supporta en Maçon les revers comme il

l'avait fait de la prospérité, et laissa entre autres membres d'une belle famille un fils ici présent , qui a exprimé déjà le désir d'être admis parmi nous et qui pressentira par cette séance de quelle gravité sont nos Trav.·.

Honneur , honneur à la mémoire du F.·. Philippe-Guislain Dislère ! ! !

—

MASSY ,

Jacques-Martin-Joseph, né à Douai le 18 janvier 1776, initié le 24 juin 1808 , reçu M^{tre} le 31 octobre suivant , dirigeant une fabrique de poterie , après avoir , comme tous les jeunes français de 92 , payé de son sang la dette à la patrie. Brave soldat, son intrépidité sur le champ de bataille, il la retrouva dans nos rues, quand à la nouvelle qu'une bande de forcenés , payés par les ennemis de notre ordre, enfonçaient les portes de ce Temple et voulurent le brûler , il s'élança hors de chez lui et , le sabre au poing, refoula les profanateurs.

D'une vieillesse verte et fleurie , ce membre honoraire de la *Parfaite-Union ,* venait s'asseoir encore , il y a moins de trois ans , à nos agapes fraternelles , où comme doyen des M^{tres} il répondait à une des santés dues à l'Ordre, avec cette vérité , cette chaleur et ce pittoresque spécial au soldat et à l'ouvrier.

Tout-à-coup le sort l'accabla d'un revers qui fut pour le V.·. veillard un coup de foudre. Il ne s'en releva pas, mais sa mémoire vivra dans nos cœurs , pure comme fut sa vie.

Honneur , honneur au R.·. M^{tre} F.·. Massy ! ! !

CORDIER, BRETON, DECLERCQ,

Cordier (Charles), né à Hénin-Liétard le 20 mai 1809, fut reçu Maç∴ par nous ; le 26 décembre 1843.

Breton (Marie-Louis), né à Courcelles-lez-Lens le 20 août 1796, fut initié le 23 juin 1838.

Declercq (Edouard), greffier de la justice de paix à Carvin, entra dans l'Ordre le même jour que son ami Cordier.

Ces trois hommes de bien, membres non résidents de la ⌷, qui n'ont pu participer régulièrement à tous ses travaux ni, quoique bons ouvriers au-dehors, recevoir au-dedans une juste augmentation de salaire, ressemblèrent à ces braves soldats qui, toujours en campagne, n'ont pu profiter des leçons qu'on reçoit dans les écoles régimentaires et par là se rendre aptes à devenir officiers : heureux encore si l'étoile de l'honneur vient les consoler de leur avenir perdu ! Nous qui n'avons d'autres récompenses à donner que des éloges pour l'exercice des vertus, des larmes à la mémoire de ceux qui les ont exercés, remplissons ce pieux devoir envers les trois FFF∴ dont il s'agit, unissons-les dans notre deuil à tous les autres et que nos voix s'écrient.

Honneur aux mânes des FFF∴ Cordier, Breton et Declercq !!!

DUMARQUEZ,

Louis, né à Esquerchin près Douai, le 13 juin 1788, fut reçu Maçon le 24 février 1822, et M^{tre} le 7 décembre même année.

Il avait reçu une éducation libérale , il avait été le condisciple, il était resté l'ami de notre Vén.·. d'honneur actuel , de l'ancien ministre de la justice , Martin (du Nord) et de plusieurs autres hommes marquants de son époque. Sans ambition , il préféra aux places, aux honneurs, la culture de son patrimoine et les loisirs littéraires. Il sentait néanmoins vivement qu'il ne s'agit pas de ne vivre que pour soi, qu'on se doit à la patrie, dans un sens ou dans un autre, suivant la mesure de ses forces; et, nommé maire de sa commune qu'il administra presque sans interruption jusqu'à sa mort, il montra dans ces paternelles fonctions de l'habileté , de la vigueur , de la justice, de l'humanité. Son aptitude le fit élire au conseil d'arrondissement où les services qu'il pouvait rendre s'étendirent sur une plus grande échelle , son mérite reconnu lui fit même confier plus d'une fois les fonctions de sous-préfet par intérim.

Attaché au précédent ordre de choses, il vint de luimême, après la révolution de février 1848 , nous presser de solliciter son remplacement et d'obtenir pour successeur le citoyen de sa commune qu'il savait le plus digne, en même-temps que le plus sincèrement attaché à la forme républicaine.

Honneur à la mémoire du F.·. Dumarquez !!!

RAMPON,

Guillaume-Antoine , né à Tournon (Ardèche) , en mars 1750, fut général de division , comte de l'Empire, secrétaire , grand-officier de la Légion-d'Honneur , com-

mandant des gardes nationales en 1807 , 1811 , 1813 ,
pair de France 1814.

Affilié à notre R.·. |▭| en 1807 comme R.·. C.·. au
rite français, il y fut reçu R.·. C.·. d'héred.·. de Kilv.·.
le 26 juin 1809 , puis G.·. Insp.·. et G.·. Ecoss.·.. Il
avait été, avant son affiliation à l'O.·. de Douai, Vén.·.
de la *Réunion Désirée*, O.·. des Gardes nationales d'élite
à Saint-Omer , où il lia avec les De Ladande , les De
Basserode , les Vanackère , ces liens d'amitié Maç.·. que
rien ne devait plus jamais rompre. En 1814, il fut choisi
pour G.·. S.·. de la G.·. Chambre d'administration du
G.·. O.·. de France, et nommé alors membre honoraire
de la *Parfaite-Union*, O.·. de Douai , en même temps
que député de cette |▭| et de son Chap.·. français audit
G.·. O.·..

Le nom d'un tel homme inscrit partout dans les fastes
de la gloire, l'est aussi dans vos souvenirs patriotiques
et nous dispense de tout éloge. Honneur donc , éternel
honneur à l'éclatante bravoure, aux grands talents militaires unis à l'amour de l'humanité! Honneur au culte
de la patrie joint à la fidélité envers celui qui l'avait fait
si grand !

Ici, mes FF.·. , devait se terminer ma pénible mission,
mais la mort , hélas! fauche impitoyablement chaque
jour. Pendant que nous pleurions douze morts, pendant
que nos FF.·. de Boulogne-sur-Mer nous exprimaient
par pl.·. leur désespoir d'en avoir vu dévorer d'un seul
coup presque autant; ces lignes que j'ai tracées et pour
lesquelles je vous demande grâce, datent des nuits que
j'ai dû veiller au chevet d'un autre mourant, d'un R.·.
C.·. dont vous voyez à l'O.·. les insignes et le portrait.

TISSERANT ,

Pierre-Antoine n'est plus !!! né à Torper , près Besan-
çou, le 16 novembre 1786 , il fut élève de l'école Poly-
techniques et de celle des Mines , professeur de mathé-
matiques spéciales dans l'Université et fondateur de cette
école normale centrale primaire de Paris , sur laquelle
se sont modèlées , depuis, toutes les écoles normales de
nos départements , qui ont rendu tant de services déjà
à l'émancipation intellectuelle des masses. Du sacrifice
presque entier de sa fortune pour la création , à ses
frais , d'un établissement aussi vaste, il ne recueillit que
la jalousie des uns , l'ingratitude des autres , l'oubli de
tous : tel est le sort ici bas de la plupart des bienfaiteurs
de l'humanité.

Le courage et la persévérance néanmoins ne firent
jamais défaut à notre excellent F∴ professeur , en dernier lieu , à l'école d'artillerie de Douai, il continua
d'employer ses loisirs à divers ouvrages relatifs à l'en-
seignement qui reçurent la sanction de l'Université , et
qu'il distribuait, comme ses leçons particulières comme
ses épargnes spontanément et gratuitement à quiconque
il en supposait le besoin. Que d'enfants du peuple il ins-
truisit à Douai depuis 15 ans , et continua à former , à
perfectionner jusqu'à ce qu'ils puissent se faire une carrière ! Et comme il travaillait, comme il s'ingéniait ensuite,
combien il faisait de démarches pour que cette carrière
leur fût ouverte ou pour qu'ils puissent s'y maintenir
malgré les efforts de leurs ennemis , de leurs rivaux ! Il
tira ainsi plus de vingt jeunes gens de l'obcurité et de la
misère, pour en faire des hommes utiles au pays, pendant
que sa femme et sa fille , s'imposant toute espèce de pri-
vations , se réduisaient au strict nécessaire pour vétir et

nourrir des familles entières , ne sortant jamais de
chez elles qu'en sœurs de charité , pour visiter les indi-
gents, les malades, pour tendre en leur faveur la main
aux riches, quand la leur enfin était vide, ou bien encore
et , cela plusieurs fois chaque jour , pour veiller aux besoins de votre Crèche, dont elles étaient l'âme !

Honneur donc , honneur aussi aux mains de celui
pour qui cette cérémonie n'était point préparée ; qui me
répétait, il y a dix jours encore : *avec quel intérêt j'y as-
sisterai !* et qui m'a dit ensuite avec calme et sécurité, jeudi
dernier , à une heure du matin , son heure suprême :
Mon ami , il faut donc partir ! Eh bien , partons.

Honneur , mes FF.·. , au servant , au patriote , au
chrétien que le travail et les souffrances avaient vieilli et
ont tué avant l'âge.

Puissent de nouveaux coups du sort ne vous amener
de long-temps de nouvelles larmes à répandre !

Puissent des années heureuses s'écouler en une longue
série avant que vous ayez à envelopper d'autres victimes
de la mort dans un nouvel et suprême adieu Maçonnique !!!

Le Vén.·. donne le signal d'une tr.·. bat.·. des morts,
puis il continue :

A peine vous ai-je esquissé, mes FF.·. , les vertus
spéciales , les actes principaux de ceux que nous pleurons : le temps nous eût manqué aussi bien que les forces
pour en faire le tracé complet. Mais comment ces
hommes se sont-ils montrées tels ; et d'où leur vint ce
privilége que nous ne puissions que tout louer en eux !
Pourquoi en chacun d'eux cet amour de Dieu et de l'humanité, cst esprit de liberté telle que Dieu l'a voulu ,
c'est-à-dire , se conformant toujours aux lois de l'ordre

universel , cet esprit d'égalité telle qu'elle résulte des besoins naturels de chacun et de ses imprescriptibles droits, cet esprit de fraternité telle que la veut l'identité de leur nature et de leurs devoirs ?

C'est qu'ils étaient, comme vous, les enfants de la veuve ; c'est qu'ils avaient été purifiés par les mêmes flammes et baptisés aux mêmes eaux ; que leurs yeux s'étaient ouverts à la même lumière , leurs cœurs aux mêmes sentiments , et dès-lors le reste de leur carrière aux mêmes efforts vers un même but. C'est qu'ils appartenaient , corps et âme, à cette INSTITUTION descendue du ciel sur la terre quand y remonta l'innocence , pour ne pas laisser ce monde totalement , définitivement en proie au mal ; à cette Arche sainte qui s'élève sur les eaux d'un déluge de vices et de crimes pour sauver en une famille le type de toutes celles à venir ; c'est qu'ils ont médité, compris, tracé dans leurs cœurs les tables de la LOI , de cette LOI dont le règne inaugurerait sur la terre la paix universelle et une félicité avant-coureur de celles que nous goûterons plus parfaite dans un meilleur monde.

Qu'elle est noble et belle , en effet , qu'elle est sacrée cette institution qui manifeste sans cesse Dieu à l'humanité ; qui, sans cesse fécondée par l'esprit du Père , engendre sans cesse son Verbe dans cette raison humaine , sans cesse progressive !

Ne vous accueille-t-elle pas, PROF.·. , quels que vous soyez de nation , de religion et de fortune , dès que de monstrueux préjugés n'ont point étouffé dans vos esprits les lueurs d'une raison innée, dès que des vices volontaires et invétérés non point gangrèné vos cœurs ?

Et cet accueil n'a-t-il pas lieu, NÉOPHYTES, au nom

et sous l'invocation unique de ce G∴ Arch∴ des mondes aussi sensible à l'œil de l'intelligence, au tact délicat d'une conscience pure que le soleil, son image physique, est sensible à notre chair. Et, en vous imposant pour seule Foi cette croyance si facile en un Dieu, n'y attache-t-elle pas la magnifique espérance d'une succession de vies futures nécessairement de plus en plus heureuses en même temps que proportionnelles en bonheur à vos efforts dans l'une pour mériter l'autre ?

Et quels doivent être vos efforts, APPR∴, que vous demande-t-elle pour cela, que vous fait-elle jurer, sinon comme le Christ, de vous aimer, de vous aider les uns les autres, en fils de Dieu, tous frères, tous égaux, tous libres ? Tous frères, quelle que soit votre race, votre couleur, quelque patrie qui vous ait vus naître ; tous égaux, quelles que soient vos parts respectives d'intelligence de puissance, de fortune ; tous libres enfin de cette liberté de pensée, de parole et d'action, sans laquelle nous ne serions pas de véritables êtres, mais laquelle ferait de nous des êtres dépravés si elle n'imposait pour bornes infranchissables et la juste liberté d'autrui et les exigences de l'ordre universel.

Et ces efforts sont-ils si difficiles à faire, COMP∴, ce fardeau si lourd à porter ? Tout le bonheur possible ici-bas n'est-il pas au contraire providentiellement attaché, à votre constance dans cette voie, à votre fermeté sous ce joug. Et tous les maux à l'égoïsme aveugle et cruel à lui-même qui n'a point voulu voir la lumière ou qui, ne l'ayant voulu que dans un sordide intérêt, a nécessairement horreur de s'y voir tel qu'il est, la fuit en rénégat et se replonge pour s'y calomnier dans les ténèbres, son élément ?

Quant à vous , M∴ , vous avez éprouvé déjà ce qu'à de douceurs la vraie et franche Maçonnerie , de quelles fleurs elle parfume le printemps et l'été de la vie , de quels fruits elle en enrichit l'automne et l'hiver ; et c'est pour vous que J.-C. a dit : *Il viendra un temps où les hommes adoreront Dieu en esprit et en vérité.*

Que la Maçonnerie soit donc toujours dans vos bouches et par vos exemples, ce qu'il y a de plus simple et de plus pure sur la terre , et qu'elle ait pour formule cette pièce d'un de nos prédécesseurs dans la carrière.

(Debout et à l'ordre , l'O∴ et les deux colonnes.)

« Etre unique, être incréé, auteur de ce vaste univers, puisque ta bonté t'a donné en spectacle à l'homme, puisque une aussi faible créature a reçu de toi le don précieux de réfléchir sur un si bel ouvrage, ne permets pas qu'à l'exemple de la brute , elle passe sur ce globe sans rendre hommage à ta Toute-Puissance , à ta sagesse. Nous applaudissons à tes œuvres augustes , nous bénissons ta main souveraine ; nous t'admirons comme maître, nous t'aimons comme père. Tu es bon autant que grand ; tout nous le dit , surtout notre cœur. Si quelques maux passagers nous affligent ici-bas , c'est aux yeux de la science elle-même qu'ils étaient inévitables. D'ailleurs, tu le veux, cela nous suffit , nous nous soumettons avec confiance et nous espérons en ta clémence infinie. Loin de murmurer , nous te rendrons grâce de nous avoir créés pour connaître. Que chacun t'honore à sa manière et selon ce que son cœur lui dictera de plus tendre et de plus enflammé : nous ne donnerons point de bornes à son zèle. Tu as daigné nous parler par la voix éclatante de la nature : tout notre culte, à nous , se réduira toujours à t'adorer, à te bénir, à crier vers ton trône que nous sommes faibles, misérables, bornés, et que nous avons sans cesse besoin du secours de ton bras. Si nous nous trompions, si quelque culte ancien ou moderne était plus agréable que le nôtre à tes yeux, daigne ouvrir les nôtres et dissiper les ténèbres de nos esprits : tu nous trouveras fidèles à tes ordres. Mais si tu es satisfait de ces humbles hommages dûs à TA GRANDEUR à ta tendresse paternelle, donne-nous la constance pour persévérer dans les sentiments qui nous animent. Conservateur du genre humain, toi qui l'embrasses d'un coup-d'œil, fais que la charité enflamme le cœur de tous les habitants de ce globe, qu'ils s'aiment tous comme frères et qu'ils t'adressent le même cantique d'amour et de reconnaissance. »

(En place, l'O.·. et les col.·)

Mes FF.·., ces hommes, dont il n'y a plus ici que les portraits sous vos yeux, quelques cheveux dans une urne et la mémoire dans nos cœurs, ils ont accompli jusqu'au bout, la carrière dans laquelle presque tous vous entrez à peine. Quelque-uns ont fait plus. De M^tres.·. qu'ils étaient comme vous, devenus M^tres.·. El.·., M^tres.·. Parf.·., ils ont à tous vos Trav.·., ajouté ceux des Chap.·., des Consist.·., des Trib.·.. Remontant avec les philosophes la nuit des âges, éclairant du flambeau de l'analyse les faits obscurs, les allégories, les symboles, les mystères de l'antiquité, l'inextricable chaos du monde primitif, ils se sont élevés jusqu'à la pure conception de l'*Eternelle Cause* et des lois combinées de la *puissance*, de son *intelligence*, de son *amour* infinis. Appliquant ensuite ces lois à la formation des mondes sans nombre qui se créent chaque jour dans l'immensité, et aux êtres de tous ordres qui en aminent la surface, ils ont déduit de ces lois générales les lois propres de l'homme, les lois de la société humaine et du mouvement rationnel qui l'emporte vers un progrès indéfini. Ils ont ainsi fait descendre du ciel la *science locale* et l'ont, comme jadis Joas, nourrie, élevé sans nom à l'ombre auguste du sanctuaire, non seulement pour se préserver elle et eux des atteintes profanes, mais pour préserver les profanes eux-mêmes, si malheureux déjà, d'une conception erronée du vrai, d'une lumière trop vive pour leurs faibles yeux et qui les ont aveuglés.

Art royal de nos pères, science des sciences, élaborée de siècle en siècle, par les Confucius, les Pythagore, les Socrate, les Epictète et les Apôtres du Christ, es-tu, pour emprunter les expressions d'un publiciste contemporain, es-tu *la guerre des pauvres contre les riches, la lutte du travail contre le capital, le partage des terres ou leur expropriation violente ou fiscale! Es-tu l'anéantissement du crédit, la désorganisation du travail, l'aggravation de la misére, le relâchement des liens de famille, le despotisme du nombre, le régime de la terreur, le pillage et le meurtre organisés?* Es-tu, science des sciences, art royal de nos pères, un monstre tel que l'enfer seul pourrait l'imaginer et le vomir?

Oh! l'enfer seul au contraire a pu te faire supposer tel, toi qui né à la suite des recherches constantes des sages, *que l'application de tous les moyens propres à améliorer le sort des masses et à élever le niveau de leur intelligence et de leur moralité*, toi qui es *l'amour du travail et du capital, l'abolition de l'ignorance qui entretient l'antagonisme, la suppression des causes qui per-*

péluent la misère, la constitution du crédit, le resserre-
ment des liens de famille, l'organisation de la commune,
la consolidation de la paix, la tendance de l'unité, la
force désarmée par la raison, la chûte de l'erreur, le
triomphe de la vérité, l'inviolabilité de la justice, le culte
du génie, le régime enfin s'approchant le plus près de
l'idée que l'homme se fait du règne de Dieu sur la terre.

Ainsi vu, quel esprit droit, quel cœur honnête ne
voudrait de toi? Qui ne t'a caressé mille fois dans ses
rêves et ne s'est dit au réveil : *Advenial regnum tuum !*

Si le monstre, sous les traits duquel on te peint, pouvait entrer jamais, il serait l'ivraie : toi tu es le froment
pur. Or, dit le même écrivain, *parce que l'ivraie se mêle*
parfois au blé, le cultivateur se décourage-t-il ? non ! il
en choisit avec plus de précaution le bon grain, il redouble
d'efforts afin que l'ivraie périsse, étouffée sous la hauteur,
la force et l'abondance des épis (1).

C'est parce que ceux qui ont mis la main à l'œuvre des
révolutions, n'avaient pas tous la foi, la science Maçonnique, qu'ils n'ont pu ni se faire entendre de tous, ni
s'entendre entre eux, et que leur œuvre est restée im-
parfait et pendante sur l'abîme..... *pendent opera inter-*
rupta.

Nous ne nous découragerons pas pour cela ; nous ne
sommes pas, nous, accessibles au désespoir. — Ce doute,
nos dignes FF.·. , nous ont transmis l'héritage enrichi
de leurs œuvres, nous le transmettrons à notre tour,
accru des nôtres. Nous suivrons avec persévérance la
même voie, semant autour de nous le même grain, lais-
sant sur notre chemin les mêmes traces et aspirant au

____

(1) Lamennais.

même but, le plus grand bien-être possible du plus grand nombre de ce monde, et notre glorification dans l'autre.

Car, en solennisant ici la mémoire de 13 FF∴, nous nous savons, nous, qu'ils nous voient, qu'ils nous entendent et que nous n'évoquons pas de vains noms.... *nec jam exaudire vocator*. Nous savons qu'ils ne sont point engloutis dans le néant, eux *qui ont eu dans ce monde des ailes à l'âme pour voler vers Dieu. Nous savons que, chrysalides célestes, ils n'ont rejeté leur dépouille que pour revêtir une plus grande splendeur, pour s'approcher plus près du souverain Etre pour le connaître plus parfaitement, l'aimer d'un plus ardent amour, se plonger enfin plus profondément dans l'Océan sans bornes de ses perfection. Ne nous affligeons donc pas sur leurs insensibles cendres; pleurons sur nous, non sur ceux dont ce sarcophage est le char de victoire. Ils sont vainqueurs en effet; ils ont triomphé des misères humaines* (1).

Arrière donc, arrière dès ce moment les regrets, les plaintes, les chants lugubres; arrière la batterie des morts! Nos amis, nos FF∴ sont vivants. A moi, mes FF∴, à moi, par la triple et énergique batterie de ceux qui vivent!!! Et qu'on entonne le chant du triomphe!!!

Le Vén∴ frappe un coup de maillet, la triple batterie s'exécute avec précision et chaleur; puis sous la direction d'un de nos jeunes et habiles artistes douaisiens, douze FF∴ chantent, accompagnés de l'orgue expressif le cantique suivant de la composition du T∴ C∴ F∴ Alph. Deplanck, de la R∴ ⌷ la *Fidélité*, O∴ de Lille (2).

---

(1) Lomennais.

(2) Musique de Ch. Choulet. Lui-même conduisait le chœur; l'orgue expressif étant tenu par Ch. Heisser.

ANDANTE RELIGIEUX.

O vous qui maintenant rayonnez dans le ciel !
Sur vos frères jetez un regard tutélaire ;
Priez avec ferveur l'Architecte éternel
Que toujours sa bonté nous guide et nous éclaire !

—

Faites que nos accents au céleste séjour
S'unissent au concert célébré par ses anges
Et chantent avec eux le tribut de louange ,
Qu'on doit au Dieu de paix, de bonheur et d'amour.

—

Vos vertus ont aux cieux trouvé leur récompense :
Ici-bas nous restons pour vivre et pour souffrir.
O frères, priez Dieu pour que, dans sa clémence ,
Saintement, comme vous, il nous laisse mourir !

Le chant terminé , le Vén.·. dit : « Nous avons ce matin secouru les pauvres, secourons-les ce soir encore : eux aussi sont nos frères, et leurs misères se renouvellent chaque jour. FF.·., maîtres des cérémonies, faites votre devoir. »

Les maîtres des cérémonies prennent sur l'autel les plats d'argent et accompagnent à l'O.·. et sur les colonnes les dames qui ont bien voulu se charger de recueillir le denier de la veuve et de l'orphelin.

Le Vén.·. se lève ensuite et dit : « Debout et à l'ordre, à l'O.·. et sur les colonnes ! Mes FF.·. nous allons accomplir le troisième et dernier voyage. Mettons-nous en marche vers le champ du repos. »

Le Resp.·. Atel.·. descend dans l'ordre en silence dans les jardins dont chaque arbre est illuminé, et fait trois fois le tour de la pyramide élevée au centre. Le Vén.·. reprend l'urne funébre, descend au caveau où il la dépose, puis le referme , le scelle et déclare clos les Trav.·. du jour.

La musique du 10e d'artillerie exécute son troisième et dernier grand morceau d'harmonie religieuse , pendant que les dames parcourent les jardins, où de chaque angle s'éclairent des feux de Bengales , où dans chaque allée s'élevent soudain à leurs yeux des transparents symboliques , où de chaque masse jaillissent des formes lumineuses.

Tous se retirent ensuite en paix , en bénissant le G.·. A.·. de l'U.·..

Vu et approuvé :

Le Vén.·. ,
GUILLET.

Le prémier Surv.·. ,
LEPOLLART père.

Le deuxième Surv.·. ,
BERTRAND père.

Collationné sur la minute et vu
par moi F.·. O.·. ,
FLAMANT.

Timbré et scellé par le Garde
des Sc.·. ,
F. DUMONT.

Par mandement de la R.·. |☐| ,

Le Secrétaire,
Jh. BROUX.

POÉSIE.

LE BAPTÊME MAÇONNIQUE.

« Sinite parvulos venire ad me. »

Quand le Christ, l'Homme-Dieu, passa sur cette terre
En apportant au monde un Verbe égalitaire
Qui devait affranchir et sauver l'avenir ;
Quand il allait priant et, touché par les plaintes,
Sur toutes les douleurs imposant ses mains saintes,
      Il savait qu'il serait martyr !

Il savait que son sang scellerait sa parole ;
Car la voix qui s'adresse au peuple et le console
      Est importune à l'oppresseur !
Chaque jour, il devait lutter contre les haines
Des sophistes d'alors, rendre leurs trames vaines,
      Arracher leur masque imposteur !

Aussi, quelle amertume abreuvait sa pensée
Quand l'histoire du monde, à ses yeux retracée,

Montrait, hélas! partout, les vices triomphants...
Ah! c'est sans doute alors que sa voix attendrie
Disait, en s'adressant à la foule ravie :
« Laissez venir à moi tous les petits enfants! »

—

Les mères approchaient ; et le divin prophète,
Penchant son front pâli vers chaque blonde tête,
Bénissait ces cœurs purs comme la vérité.
Il voyait l'avenir dans leur enfance frêle !
Il les sacrait soldats de cette foi nouvelle,
        Le salut de l'humanité !

—

Et nous, frères! formés à sa sublime école,
Nous, faibles, imparfaits, mais forts de sa parole,
Nous devons, comme lui, combattre chaque jour,
Afin que le progrès suive sa loi profonde,
Et qu'aux honteux trafics de l'égoïsme immonde,
        Succède un doux lien d'amour !

—

Ce cri de liberté qui réveilla la terre,
Nous le répétons tous dans cet espoir austère
Que les desseins de Dieu bientôt s'accompliront ;
Et que, sur les débris des dernières entraves,
La haine s'éteindra. Les maîtres, les esclaves
Dans une sainte étreinte ensemble s'uniront !

—

— Si nous devons mourir sans voir ces temps prospères,
Luttons sans crainte, amis, comme ont lutté nos pères ;
Nos fils recueilleront le fruit de tant d'effort !
Comme le Christ, laissons venir à nous l'enfance !

Léguons-lui notre foi , notre ardente espérance ,
    Notre œuvre défiera la mort !

—

Et vous , enfants , si beaux d'un charme d'innocence
    Que rien encor n'a pu ternir,
Soyez bénis ! gardez , avec reconnaissance ,
Gardez de ce baptème un touchant souvenir !

—

    Vos mères d'une âme ravie
    Vous contemplent dans ce saint lieu ;
Ah ! puissiez-vous , enfants , à travers cette vie ,
Passer, vaillants et purs , sous les regards de Dieu !

ÉMILE DUPONT.

Douai , 30 juin 1850.

DOUAI.—IMPR. DE CRÉPEAUX, RUE DES ÉCOLES, 27.

www.ingramcontent.com/pod-product-compliance
Lightning Source LLC
LaVergne TN
LVHW021157200726
843510LV00001B/410